Gerhard Engelsberger

*Der Traum vom Paradies*

Gerhard Engelsberger

# *Der Traum vom Paradies*

Gärten erzählen

Quell

ISBN 3-7918-2470-8

1. Auflage 1994
Umschlaggestaltung: Klaus Dempel, Stuttgart
Umschlagmotiv: Claude Monet, Jardin en fleurs, © Archiv für Kunst und Geschichte, Berlin
Umschlagrückseite: Aus: Hermann Hesse, Die Gedichte, Suhrkamp Verlag, Frankfurt 1977
Gesamtherstellung: Maisch & Queck, Gerlingen

# *Inhalt*

*Ein Missionar beobachtet das seltsame Gebaren eines Beduinen. Immer wieder legt sich dieser der Länge nach auf den Boden und drückt sein Ohr in den Wüstensand.*
*Verwundert fragt ihn der Missionar: »Was machst du da eigentlich?« Der Beduine richtet sich auf und sagt: »Freund, ich höre, wie die Wüste weint: Sie möchte ein Garten sein.«*

# *Lebenstraum und Lebensraum*

Die ältesten Ausgrabungen, die uns Zeugnis geben über menschliche Kultur, über die Gestaltung des Lebens, die Auseinandersetzung zwischen Mensch und Mitwelt, den Umgang mit Tod und Sterben sind Mauern von Städten, Palästen, Grabanlagen, Tempeln. Gärten sind vergänglicher als Mauern. Oasen kommen und gehen in Hunderten von Jahren, Gärten haben eine noch kürzere Lebenszeit. Um so tiefere Spuren hat das Bild vom Lebensraum Garten tief im Innern des Menschen hinterlassen.

Nicht nur die Wüste träumt, ein Garten zu sein. Auch Menschen träumen vom Garten, sehnen sich nach Sonne und Pflege, würden gerne blühen wie Sommerblumen, duften wie Rosen, aufrecht stehen wie ein Baum, Früchte tragen wie ein Strauch.

Es war in der Entwicklungsgeschichte der Menschheit eine der ersten großen Kulturleistungen, daß die seßhaft werdenden Menschen ein Stück Land eingrenzten, gegen wilde Tiere und menschliche Feinde sicherten und dort mit der Zeit auch das für sie Lebensnotwendige anbauten. Wahrscheinlich hat sich aus der Anlage von solchen »Gärten« erst der Ackerbau und die Feldarbeit entwickelt.

Gartenarbeit bleibt eine Kulturleistung. Wir legen »Gemüsekulturen« oder »Kräuterkulturen« an, steuern das Wuchernde, konzentrieren die Energie, ermöglichen Sonnenbestrahlung, lockern Böden und züchten widerstandsfähige, gesunde Sorten.

Kultur verändert immer auch den, der sie schafft: Der Gärtner wächst mit dem Garten, wird krank mit dem Garten, leidet mit dem Garten und blüht mit ihm auf. Er freut sich über die Ernte, fürchtet Schlimmes bei Hagel, Überschwemmung oder Pflanzenkrankheiten, übt Geduld nach der Aussaat, entwickelt mehr und mehr eine persönliche Beziehung. Der Psalm 128 preist den Handarbeiter glücklich: »Du wirst dich nähren von deiner Hände Arbeit; wohl dir, du hast's gut.« Solche Arbeit ist nicht entfremdet, tut Leib und Seele gut. Trotz schmerzendem Rücken und zerkratzten Fingern: Vielleicht sind wir bei der Arbeit im Garten dem Schöpfungsauftrag am nächsten.

*Ägyptische Wandmalerei vom Grab des Sennodjem in Deir el-Medina (Theben-West), 18. Dynastie, 14. Jahrhundert v. Chr.*

*Jeder Garten ist ein Buch Gottes,*
*aus dem das Wunder ersehen werden kann,*
*das Gott täglich tut.*

Martin Luther

Der Garten ist ein uraltes, menschliches Symbol der Sehnsucht nach Geborgenheit, nach einem »umfriedeten« Bereich, nach Einheit mit sich selbst, mit der Natur und mit Gott. Das deutsche Wort »Garten« hat gemeinsame Vorfahren mit Begriffen wie Gurt, Gürtel und gürten. Der englische »yard« ist ein umfriedeter Hof, der französische »jardin« und der englische »garden« – beides übersetzen wir mit Garten – ist verwandt mit »guard«, der Wache oder dem Wächter, was uns wiederum im Deutschen an die Garde, also an die Leibwache erinnert. Im Hebräischen heißt der Begriff für Garten »gan«, seiner ursprünglichen Bedeutung nach ist dies der geschützte oder bedeckte Bereich, verwandt dem Brautgemach oder dem Schutzschild.

Als natürliche Wächter gegenüber Eindringlingen sorgen in Ägypten, in Persien oder im Zweistromland die Bäume des Gartens auch für Schutz gegen die sengende Sonne. Auf der Höhe des Tages bildet der Garten neben dem Haus den einzigen schattenspendenden Lebensraum des Menschen. In Ägypten freuten sich die Götter an Tempelgärten, genossen die Pharaonen die Gärten um ihre Paläste, nicht anders die Könige in Israel oder Mesopotamien. In der römischen oder byzantinischen Welt gab es kaum Häuser, die keinen Garten besaßen. Tempel, Schulen, Gasthäuser waren von kunstvoll gestalteten Grünanlagen umgeben. Gärten erweiterten den persönlichen Lebensraum des Menschen.

Für Götter und Heroen existiert in der griechischen Mythologie der Garten der Hesperiden, ein baumbestandenes Paradies, in dem die Göttin Hera den Baum der Unsterblichkeit pflanzte, der goldene Äpfel trug.

Der Koran, das heilige Buch der Muslime, beschreibt das Paradies, das die Gottesfürchtigen erreichen, als Ort der Wonne: Die Frommen liegen auf Ruhebetten in einem Garten, ihnen wird jeder Wunsch erfüllt, Engel versorgen sie mit Wein, Früchten und Fleisch, schöne, großäugige Mädchen werden ihnen als Gattinnen gegeben.

Wir erinnern uns darüber hinaus an die reiche Märchenwelt des Morgen- und Abendlandes, in der der Palastgarten und seine schützenden Bäume, der Schloßgarten mit seinem Brunnen, goldene Früchte tragende Sträucher und Bäume, verwirrende Labyrinthe und dornenbesetzte wilde Rosenhage den äußeren Raum für innere menschliche Krisen und Sehnsüchte nach Geborgenheit bilden.

In der psychologischen Symbolsprache ist der Garten ein Bild für das Weibliche, für den Schoß, aus dem Leben erwächst. Die Sehnsucht nach dem Garten wird verstanden als die Sehnsucht nach der Urgeborgenheit im Mutterleib.

Im Paradiesgarten der Bibel lebt der Mensch nach seiner Schöpfung unschuldig in enger Gemeinschaft mit Gott. Im Garten begegnen sich die Liebenden des Hohen Liedes, die Königsgärten werden zum bewunderten Ort der Erholung. Jesus betet im Garten Gethsemane, wird dort gefangengenommen; nach dem Johannesevangelium wird er in der Nähe eines Gartens gekreuzigt und begegnet den Frauen im Garten als Auferstandener. Am Ende des Neuen Testaments schildert die Offenbarung den Ort, an dem Gott Haus an Haus mit den Menschen wohnen wird, wiederum als Garten, in dessen Mitte ein Strom lebendigen Wassers entspringt.

Und so fragen wir uns: Warum prägt sich bei aller Vergänglichkeit gerade das Bild des Gartens als Ort der Sehnsucht, ursprünglicher Herkunft und jenseitiger Zukunft in der menschlichen Seele ein? Ist es die verschüttete Erinnerung an die gemeinsame Entwicklungsgeschichte von Mensch und Welt? Ist es die als Friedenstraum ins positive Gegenteil verkehrte Erfahrung von Wüste, Ausgesetztheit und Kampf? Liegt die Urerfahrung des Embryos im Mutterleib zugrunde, der ihn wie ein umfriedeter Garten schützend umfängt, bis er aus diesem Paradies »ausgestoßen« wird? Ist das Paradies Symbol für die innige, schützende Einheit mit der Mutter oder Symbol der Vereinigung des Menschen mit seinem Selbst?

Niemand wird eine abschließende Antwort geben können. Als faszinierende Erkenntnis bleibt das Staunen darüber, daß in den verschiedensten Kulturen, zu verschiedensten Zeiten Menschen den Traum vom Paradiesgarten träumten, in dem sie den unbedrohten Lebensraum sahen, der dem Leben erst die spielerische und kreative Möglichkeit gibt, zur höchsten Entfaltung zu kommen. Albert Schweitzer formuliert als oberstes ethisches Gesetz den Satz: »Ich bin Leben, das leben will inmitten von Leben, das leben will.« Der Garten ist der Raum, in dem solches Leben möglich wird.

---

*Lucas Cranach d. Ä. versetzt (1531) Maria mit dem Kind in eine üppig grünende Landschaft unter den Schatten eines Apfelbaumes. Der Apfel ist in der Antike Symbol der Fruchtbarkeit und aufgrund seiner Kugelform auch Symbol der Unendlichkeit und Ewigkeit. In diesem Bild schlägt sich darüber hinaus auch die allegorische Deutung des Hohen Liedes durch die Kirchenväter nieder. Origines schreibt: »Dem Apfelbaum unter den Waldbäumen gleicht Christus unter den Menschenkindern ... In seinem Schatten, im Schutze des Gottessohnes, verlangt die Kirche und die Seele zu ruhen ... Ja, er bringt in ihr das Leben hervor, wie in Maria, als sie Christus empfangen sollte ... Mit Recht also sehnt sich seine Braut, die Kirche, danach, im Schatten des Apfelbaumes zu sitzen, auf daß sie des Lebens teilhaftig werde, das sein Schatten hervorbringt.«*

*In einem mit starken Mauern umfriedeten Paradiesgarten bringt ein oberrheinischer Künstler Anfang des 15. Jahrhunderts seinen »Traum vom Paradies« zum Ausdruck: Leben in Fülle, Üppigkeit und Heiterkeit. Die Mauern verlieren ihre Schwere durch Dompfaff, Specht und andere Vögel. Diese Leichtigkeit setzt sich über Pfingstrosen, Chrysanthemen, Astern und Akelei bis zu den sieben Erwachsenen und dem Christuskind fort, das in der Mitte einer Blumenwiese auf einem Saiteninstrument spielt. Über ihm Maria, rechts der Drachentöter Georg, der Märtyrer Laurentius und der Erzengel Michael, der einst den Teufel aus dem Himmel vertrieb. Unter den Frauen erkennen wir Cäcilie, die Heilige der Musik, Dorothea, die Früchte vom Baum pflückt, sowie eine vierte Frau, die Wasser schöpfend vor dem Lebensbrunnen kniet. Eine Vielzahl weiterer Pflanzen, Tiere, Symbole füllen den Garten und stimmen ein in das Lob des Gottes, der über jedem seiner Schöpfungstage sagen kann: »... und siehe, alles war gut.«*

## *Und Gott pflanzte einen Garten in Eden...*

Wer aus dem Garten kommt, vergißt nicht, wie gut es einmal war und sehnt sich danach, daß es wieder einmal so sein könnte.

Wo der biblische »Garten Eden« einst lag – östlich von Israel, vielleicht im Zweistromland, dem heutigen Irak – wir wissen es nicht. Schon der Name Eden ist zweideutig: Im Akkadischen bedeutet er Steppe, im Sumerischen bezeichnet er ein fruchtbares, bewässerungsfähiges Land. Israel hat ihn als Lust, als Wonne interpretiert. Am besten ist der Garten Eden wohl mit »Garten der Freude und Lust« zu übersetzen.

Der Garten, in dem Gott spazierengeht, Mensch und Tier in Unschuld und Freundschaft leben, ist ein angstfreier Ort. Wo immer Menschen heute Freiheit nach Unterdrückung erfahren, Geborgenheit nach Flucht, wo »ihre Füße auf weiten Raum gestellt werden« (Psalm 31,9), bezeichnen sie den Ort der Rettung als Paradies. Sie beschreiben einen umfriedeten Bereich, in den die Hand derer, die ihnen Böses wollen, nicht reicht.

Engel schützen nach den Bildern der Bibel die Tore, ein Strom des Lebens entspringt in seiner Mitte, Mensch und Mitwelt müssen um das lebenswichtige Wasser nicht bangen. Im Paradiesgarten kann ich der sein, der ich bin, kann auf Kleider und Masken verzichten, im spielerischen Miteinander das Leben feiern. Selbst Scham ist nicht nötig, weil die Schamlosen fern sind.

Das Bild vom Paradiesgarten hält die Sehnsucht wach nach einem Ort der Unschuld. Wohl können wir dorthin nicht wieder zurück, so wie uns der Mutterleib verschlossen bleibt. Und doch gibt es einen Weg: Gott öffnet von neuem die Tore.

Als Aussage des Glaubens ist die Rede vom Paradiesgarten, aus dem wir alle kommen, ein kräftiges Bild der Hoffnung gegen alle Wüste, gegen die Angst, gegen Unfruchtbarkeit und Trostlosigkeit. Deshalb singen die Christen in Erinnerung an die Geburt des Erlösers:

»Heut schließt er wieder auf die Tür
zum Schönen Paradeis,
der Cherub steht nicht mehr dafür,
Gott sei Lob, Ehr und Preis.«

*Nikolaus Hermann (1500–1561)*

Warum, so fragen Menschen, ist dieser Lebensgarten, dieser Paradiesgarten für uns verloren?

Es ist, sagt die Bibel, die Schuld des Menschen, der nach den Früchten des Baumes greift, der sein will wie Gott. In seiner Maßlosigkeit verletzt er das Gegebene und handelt sich dafür den Tod ein. Der Mensch reagiert mit Schuldzuweisung: Die Frau hat mich verführt, sagt der Mann. Die Schlange ist an allem schuld, sagt die Frau. Der Garten des Lebens schließt sich hinter dem Menschen.

Draußen, jenseits von Eden findet sich der Mensch wieder als Frau, die unter Schmerzen ihre Kinder zur Welt bringen muß, als Mann, der im Schweiß seines Angesichts ein Leben lang hart arbeitet. Am Ende wird der Mensch, woraus er genommen ist: »Von Erde bist du genommen, und zu Erde sollst du werden.« Sein Grab liegt jenseits von Eden.

Jenseits von Eden zählt der Erfolg der Schnelleren, mißt man mit dem Maß der Sieger, wird Schwäche überspielt oder bestraft.

Jenseits von Eden werden Blumen gezüchtet und Tiere, schon auch die ersten Menschen; wird Leben genormt und werden Beziehungen überfordert.

Jenseits von Eden wachsen die Heilkräuter dennoch am Wegrand, unter dicker Staubschicht. Wohl unter die Räder gekommen, heilen sie doch den, der sich aufs Bücken versteht, erinnern den an gute Zeiten, der das Danken nicht verlernt hat. Sie tragen Namen, die sich auf Warten reimen, auf Geduld.

So wie man Brunnen nicht über Nacht bohrt, so muß man jenseits von Eden Schicht um Schicht abtragen an den Wegrändern. Doch dann stößt man auch dort auf Knospen der Liebe Gottes.

---

*Wohltun ist wie ein gesegneter Garten,*
*und Barmherzigkeit bleibt ewig.*

Jesus Sirach 40, 17

## *Ein Lied für die Knospe am Zweig*

Ein Lied für die Knospe am Zweig,
ein Gedicht für den Abendwind,
ein Lachen für den Vogel im Geäst,
ein Ja zu jedem Kind,
ein Schrei gegen jede Gewalt
und ein Flüstern dem jungen Ohr,
ein Spiel dem Regen, der die Erde tränkt,
dem Leben, das uns Gott schenkt, einen Chor.

Nimm die Flöte, spiel ein leises Lied dem lauten Tag. Er hört
eben ganz auf seine Weise. Wenn er dich am meisten stört,
schenk ihm deine Lieder, er wird hören,
er wird schweigen, er wird singen mit dir.

Sing ein Lied und sing es ein Gebet lang für die kranke Welt,
der dein Lachen, der dein Mut und der dein Lied seit
langem fehlt,
schenk ihr deine Liebe, sie wird hören,
sie wird schweigen, sie wird leben mit dir.

# *Adam und Eva*

Als Adam und Eva gezwungen wurden, das Paradies zu verlassen, ging es ihnen gewiß lange Zeit ziemlich schlecht. Wie man hört, waren die Tiere draußen unfreundlich, der Boden steinig und das Klima rauh. Adam und Eva hatten nichts gelernt als faulenzen, und die Arbeit fiel ihnen schwer. Kaum daß sie, wie man zu sagen pflegt, auf einen grünen Zweig gekommen waren, geschah das Unglück mit den beiden ältesten Söhnen, die sie schlecht erzogen hatten, so daß der selbstgefällige Abel nun unter dem Rasen lag, während der gewalttätige Kain irgendwo herumirrte und die Eltern sehen konnten, wie sie zurechtkamen ohne den Gärtner Abel und den Jäger Kain. Aber dann wuchsen ihnen neue Kinder heran und immer wieder neue, wenigstens stelle ich mir das so vor, und auch, daß Adam und Eva ziemlich alt wurden, ehe sie zu altern begannen. Um diese Zeit hatten sie gewiß längst ein Haus, und Eva ging nicht mehr in Schürzchen aus Palmblättern umher. Obwohl beide an den Garten Eden nur noch eine schwache Erinnerung hatten, ahmten sie doch nach, was sie einmal dort gesehen hatten, indem sie einen Brunnen gruben, der dem Wasser des Lebens glich, einen Garten pflanzten und einige Tiere zähmten, die sich auf dem umfriedeten Grundstück friedlich wie die Tiere des Paradieses benahmen. Dies alles war ganz unvollkommen, aber es machte Freude, daran zu arbeiten und abends umherzugehen und darüber nachzudenken, was sich noch tun ließ. Es machte so viel Freude, daß sie mit der Zeit ganz zufrieden wurden und Adam sich manchmal selbst ein bißchen so fühlte, als sei er der liebe Gott.

Es war darum eine große Erschütterung für ihn, als er eines Tages erfuhr, daß er sterben müßte. Nicht, daß er darüber eine bestimmte Nachricht erhalten hätte. Er sah nur eines Abends ein Tier einer Herde tot umfallen, und da er sich selbst diesem großen, starken Leittier oft verglichen hatte, kam ihm mit einemmal der Gedanke, daß er in dieser Beziehung nicht mehr und nichts Besseres sei als ein Tier. Als er zu dieser Erkenntnis gekommen war, wurde er sich verschiedener Mängel bewußt, die er vorher nicht gekannt hatte, einer Schwäche der Augen, einer Unsicherheit der Hände, einer Trübung des Gehörs. Das ist der Tod, dachte er entsetzt, als an diesem Abend ein zerbrechlicher Gegenstand seiner Hand entglitt. Was hast du denn? fragte Eva, weil er wie versteinert dastand, während sie die Scherben zusammenlas.

Diese Frage: Was hast du denn? stellte Eva noch einige Male in der folgenden Zeit. Denn Adam begann sich in der Tat wunderlich zu benehmen. Es fing damit an, daß er nicht mehr schlief in der Nacht. Er wälzte sich bald auf die eine, bald auf die andere Seite oder lag auch still auf dem Rücken und starrte zur Decke hinauf. Er konnte nicht schlafen, weil er zu viel denken mußte, aber die Gedanken, die ihn wachhielten, waren keineswegs erhabene, an den Tod oder an Gott, vielmehr drehten sie sich mit gräßlicher Beharrlichkeit um kleine häusliche Mißstände, einen Fehler in der Bewässerungsanlage, eine schadhafte Stelle im Dach. Wenn die Nacht vorüber war und alle im Hause sich wieder an ihre Arbeit begaben, überfiel ihn dann eine schreckliche Müdigkeit, und es kam vor, daß er sich gleich nach dem Frühstück wieder hinlegen mußte und eine ganze Weile liegen blieb. Das war ihm selbst verwunderlich, aber noch viel erstaunlicher war die Empfindlichkeit, die er gegenüber den verschiedensten Geräuschen an den Tag zu legen begann. Das Bellen der Hunde machte ihn rasend, noch mehr das Kreischen der Papageien und das alberne Geschrei der Affen, die in den Bäumen hinter dem Hause spielten und von denen er sich bald einbildete, daß sie ihn verfolgten und nur zu seinem Ärger ihren törichten Lärm vollführten. Die Kinder, und zwar noch mehr die halberwachsenen als die kleinen, erregten seinen Unmut auf Schritt und Tritt. Es fiel ihm plötzlich auf, daß sie gewisse idiotische Redewendungen beständig wiederholten und daß sie, ohne die geringste Rücksicht auf ihn zu nehmen, mit schallender Stimme ihre aufreizend stupiden Lieder sangen.

Schließlich bin ich der Vater, dachte er, und ein Mann, der einiges geleistet hat und dem es lange Zeit schlecht gegangen ist, ein Mann, der Anspruch darauf erheben kann, daß man ihn respektiert. Solche Gedanken waren neu, und neu war auch der Wunsch, der ihn jetzt von Zeit zu Zeit überkam, der Wunsch nämlich, sich zu entfernen aus einer Umgebung, in der man ihn so wenig achtete und seinen Worten so wenig Aufmerksamkeit zollte. Er ging ein paarmal fort in der Nacht, bald in dieser, bald in jener Richtung, und schließlich ertappte er sich darauf, daß er bei diesen Spaziergängen etwas ganz Bestimmtes suchte: nämlich die Mauer des Gartens Eden, auf die er am Anfang, also vor vielen Jahrzehnten, herumwandernd noch manchmal gestoßen war und auf der im roten Abendhimmel die Engelwachen gestanden hatten, sehr schön, mit ihren Wolkenflügeln aus schimmerndem Grau. Aber diese Mauer war nicht mehr da, und er hörte auch bald auf, sie zu suchen. Statt allein fortzugehen, machte er immer öfter die Runde durch sein Anwesen, betrachtete alles, was er gemacht hatte, und fand es schlecht genug. Er beobachtete auch seine Kinder und fand sie faul und leichtsinnig, unfähig, das Werk weiterzuführen, das er begonnen hatte und das zu vollenden ihm nicht Zeit genug blieb. Und dann versuchte er über dies alles mit Eva zu sprechen, aber Eva lachte nur, und er war von ihrer Gleichgültigkeit aufs tiefste gekränkt.

In der folgenden Zeit fand er immer mehr Ursache, mit seiner Frau unzufrieden zu sein. Denn wenn Eva auch im Anfang seiner Verdüsterung recht lieb und freundlich gewesen war und sich bemüht hatte, ihm ein wenig Ruhe zu verschaffen, so schien sie doch von Tag zu Tag weniger um ihn besorgt zu sein. Ihre Laune war ausgezeichnet, ihr Appetit vorzüglich, und obwohl sie nicht jünger war als Adam selbst, schlief sie, ohne auch nur ein einziges Mal aufzuwachen, die ganze Nacht. Wenn er sich über den Lärm beschwerte, machte sie ein erstauntes Gesicht, wenn er über das Wetter klagte, sagte sie: Es wird schon wieder besser werden, und mit dieser Redewendung, die ihm leichtfertig und frech erschien, schob sie seine Leiden und Ängste, das einzige, das er noch hatte, in das Reich lächerlicher Grillen, denen niemand Aufmerksamkeit schuldig ist. Es fehlte nicht viel, daß sie gesagt hätte: Ach sei doch still, wenigstens meinte Adam dies herauszuhören und auch einen kleinen Ärger über seine Mutlosigkeit, und dieses Unverständnis kränkte ihn tief. Natürlich konnte er trotzdem nicht schweigen, da ja das Sagenmüssen wie Rauch zum Feuer zu diesem inneren Brande gehört. Also sprach er weiter, sprach mit einer Stimme, die ihm selbst verhaßt war, weil sie so nörglerisch und griesgrämig klang. Er beklagte sich über die Sonne und den Regen, über das Unkraut und die Schädlinge und die Kinder, und Eva sagte in der ersten Zeit noch ein paarmal: Das ist doch nicht so arg, und dann sagte sie gar nichts mehr, und er hatte den Verdacht, sie höre ihm überhaupt nicht mehr zu.

Das ist gewiß schlimm für einen Mann, der eingesehen hat, daß sein Leben nicht ewig währt, und der angesichts dieser Tatsache an dem Wert alles Geleisteten zu zweifeln beginnt. Es war schlimm für Adam, der jetzt umherging und alles, was er gemacht hatte, gering achtete und der aus seinen früheren Leiden einen glühenden Anspruch sog. Aber es erwies sich, daß dies noch längst nicht das Ärgste war. Denn das Ärgste ist nicht die Gleichgültigkeit, sondern der Verrat.

Man muß bedenken, daß Adam, der so vieles kannte, so etwas in seinem Leben nie erfahren hatte. Er war der einzige Mann, der für Eva in Frage kam, da es neben ihm nur Söhne und Enkel gab. Zwar war er früher, wenn Eva allein fortging und lange ausblieb, manchmal ein wenig unruhig geworden. Aber Eva war, wenn sie zurückkam, immer besonders strahlend und liebevoll gewesen, immer hatte sie etwas Besonderes mitgebracht, ja, es schien ihm jetzt, als habe er in seinem ganzen Leben nichts als Liebe und Freundlichkeit von ihr erfahren. Aber in dem Augenblick, in dem er sich seines Glückes bewußt wurde, war es mit diesem Glück auch schon vorbei. Denn wenn er bisher niemals in Evas Augen einen verräterischen Glanz gesehen hatte, wenn

Eva sich niemals von ihm abgewendet hatte, um ihr Ohr einer anderen Stimme zu leihen: jetzt erfuhr er dies alles, alle Qualen der Eifersucht, nur daß kein Liebhaber, sondern ein Phantom sein Nebenbuhler war, kein Mann, mit dem er hätte kämpfen können, sondern das Traumbild der Jugend und des Lebens schlechthin.

Denn er sah es wohl, der Jugend und dem Leben neigte sich Eva zu. Mit einemmal gewahrte er sie auf der Seite der Kinder, ach, nicht mit Worten, aber mit mancher geheimen Zärtlichkeit, manchem vertraulich wiedergutmachenden Blick. Als Adam den ersten dieser Blicke auffing, zuckte er zusammen wie unter einem Schlag. Von da an wurde er mißtrauisch, horchte und schlich im Hause umher. Einmal, als er sich Eva gegenüber über die stechende Sonne beklagte, bemerkte er, wie sie ihr Gesicht und ihre Arme dieser Sonne entgegenhob, als sei gerade das, was ihn quälte, ihr eine Quelle der Lust. Durch solche Beobachtungen wuchs das Gefühl der Verlassenheit in ihm immer mehr. Er erinnerte sich der Zeiten, in denen Eva und er noch allein gewesen waren, und wie sie da, furchtbar allein und aufeinander angewiesen, sich geschworen hatten, einander niemals zu verlassen. Jetzt war Eva noch immer an seiner Seite, sie war nicht fortgegangen, aber es kam ihm vor, als entferne sie sich dennoch, ein wenig weiter mit jedem Tag. In seinem schrecklichen Mißtrauen zeichnete Adam jede Station dieser Entfernung getreulich auf. Er glaubte zu bemerken, wie bei seinen Worten eine leise Ungeduld über Evas Züge glitt. Wenn er ein längeres Ausbleiben ankündigte, meinte er, auf ihren Lippen ein Lächeln der Erleichterung zu sehen, und wenn er dann fortging, bildete er sich ein, daß ihre Stimme, die er aus der Ferne noch hörte, froher und heiterer klang. Einmal, als sie bei der Abendmahlzeit saßen, faßte er sie ins Auge und stellte fest, daß ihre Haut schlaff wurde und ihre Haare sich zu verfärben begannen. Er bemerkte auch, daß sie Schmerzen in den Gliedern hatte und sich nicht mehr so frei und anmutig bewegte wie vorher. Sie ist nicht jünger als ich, dachte er, aber sie tut, als habe sie unbegrenzte Zeit vor sich, ewige Zeit. Und dann dachte er plötzlich, sie weiß nichts, sie weiß es nicht, und er war über ihre Dummheit empört.

Nach dem Essen ging Eva noch auf den Hof hinaus, um das Spielzeug der kleinen Kinder zusammenzusuchen. Adam ging ihr nach und blieb bei ihr stehen und sah sie flehend an. Werde mit mir alt, wollte er sagen, werde mit mir alt. Aber natürlich brachte er diese Worte nicht über die Lipppen, sondern begann sich statt dessen über die Mücken zu beklagen in einem wilden und verzweifelten Ton. Was du nur immer hast, sagte Eva, und sah ihn kopfschüttelnd an.

In dieser Nacht beschloß Adam, Eva zu sagen, daß sie sterben müsse. Vielleicht hätte er es nicht getan, wenn nicht der Mondschein so hell im Zimmer und gerade auf Evas Gesicht gelegen hätte und wenn dieses Gesicht nicht so voll von Lebensentzücken gelächelt hätte im Schlaf. Aber dieser Anblick rief in Adam, der schon viele Stunden schlaflos gewesen war, eine dunkle Rachsucht hervor. Er weckte Eva auf, und Eva rieb sich die Augen und fragte, ob etwas mit den Kindern sei. Wir müssen sterben, sagte Adam, und es war ihm zumute, als beginge er einen Mord. Große Neuigkeit, sagte Eva spöttisch. Das weiß ich schon lang. Hast du dir keine Gedanken gemacht? fragte Adam, sobald er sich von seiner Überraschung erholt hatte. Was wir hier zurücklassen, ist unfertig und keinen Pfifferling wert.

Jemand wird es schon fertig machen, sagte Eva.

Die Kinder, sagte Adam streng, sind träge und leichtsinnig. Sie wissen nicht, was arbeiten heißt, und werden elend zugrunde gehen.

Es wird schon noch etwas aus ihnen werden, sagte Eva.

Und was wird aus uns? fragte Adam und stützte seinen Kopf auf die Hand.

Wir bleiben zusammen, sagte Eva. Wir gehen zurück in den Garten. Und sie legte ihre Arme um Adams Hals und sah ihn liebevoll an.

Ist er denn noch da? fragte Adam erstaunt.

Gewiß, sagte Eva.

Wie willst du das wissen? fragte Adam mürrisch.

Woher meinst du, fragte Eva, daß ich die Reben hatte, die ich dir mitgebracht habe, und woher meinst du, daß ich die Zwiebel der Feuerlilie hatte, und woher meinst du, hatte ich den schönen, funkelnden Stein?

Woher hattest du das alles? fragte Adam.

Die Engel, sagte Eva, haben es mir über die Mauer geworfen. Wenn wir kommen, rufe ich die Engel, und dann öffnen sie mir das Tor.

Adam schüttelte langsam den Kopf, weil eine ferne und dunkle Erinnerung ihn überkam. Gerade dir, sagte er. Aber dann fing er an zu lachen, laut und herzlich, zum erstenmal seit ach wie langer Zeit.

*Marie Luise Kaschnitz*

## *Das Geheimnis der Mitte*

Jeder Garten hat eine Mitte. In der Mitte des Paradiesgartens steht der Baum des Lebens und der Baum der Erkenntnis. In der Mitte des Gottesgartens beim Propheten Hesekiel steht das neue Heiligtum. In der Mitte des Stadtgartens im endzeitlichen Jerusalem steht der Thron des Lammes und fließt der Strom des Lebens. Die Mitte der ägyptischen Gärten und der Gärten des Vorderen Orients bildete der Teich, bei königlichen Palastgärten gar ein ausladender See. Wo ein solcher wegen des zu niedrigen Grundwasserspiegels nicht möglich war, ersetzte zumindest ein Brunnen das fruchtbarkeitspendende Gewässer. Kreuzgänge in den Klöstern bilden diese Gärten nach in meist wunderbarer Architektur, in Kenntnis des Symbolgehalts eines Vierecks und seiner Mitte, oft verbunden mit einem Brunnen, der wiederum auf das Lebenswasser in den biblischen Gärten weist. Ob nun ein Kreuz wie häufig bei den Kreuzgängen, ein Pavillon oder eine Linde mit Rundbank, vielleicht ein Brunnen, ein Stein oder ein Teich, eine bewußt ausgesparte freie Fläche oder ein besonders kunstvoll angelegtes Pflanzenbeet: Der Garten als Symbol des geborgenen Lebens hat eine Mitte.

Der Mensch braucht eine Lebensmitte, um nicht aus dem Lot zu geraten, eine Gemeinschaft braucht eine Mitte als Orientierung des Miteinanders. Wenn Leib und Seele des Menschen im Garten zur Ruhe kommen sollen, braucht auch der Garten als Ort der Erholung, der Einheit von Natur und Mensch, von Gott und Mensch, von Leib, Geist und Seele eine gestaltende Mitte.

Beschwerlich war die Arbeit eines Gärtners vor zwei oder drei Jahrtausenden. Hinzu kam die geringe Achtung, die man ihm in der gesellschaftlichen Hierarchie entgegenbrachte. Eine fast vier Jahrtausende alte ägyptische Inschrift hält fest: »Der Gärtner trägt das Joch; seine Schultern sind wie vom Alter gebeugt. Er hat so viele Geschwüre auf seinem Nacken, daß dieser einer eitrigen Wunde gleicht. Des Morgens begießt er das Gemüse und am Abend die Schat-Pflanzen, wobei er den ganzen Tag im Obstgarten verbringt. Dann fällt er todmüde um, und das gilt für ihn mehr als in jedem anderen Beruf.« Nach seinem Tod hinterließ der Gärtner keine Spuren, die sterblichen Überreste ägyptischer Land- und Gartenarbeiten überließ man der Wüste. Wo von den Mäch-

tigen großartige Totenstädte zeugen, findet sich von ihm nicht einmal ein bescheidener Grabstein. Um so erstaunlicher ist die Inschrift auf einem Grabstein, den man in Tunesien fand. Er gibt Zeugnis davon, daß das Elend der Land- und Gartenarbeiter sich änderte, als man das Öl ihrer Olivenbäume in römischer Zeit mehr und mehr zu schätzen begann. Die Inschrift lautet: »Hier ruht Dion, ein frommer Mann; er lebte 80 Jahre und pflanzte 4000 Bäume.«

Wohl bauen wir heute unsere Gärten nicht mehr an, um der Nachwelt eindrucksvolle Zeugnisse unseres Lebens zu hinterlassen, legen keine Teiche an, um den Seelen der Verstorbenen alle Voraussetzungen für ein Leben in einem fruchtbaren Jenseits zu ermöglichen, und doch suchen und finden viele in ihrem Garten die »Mitte«, bringen das Auseinandertreibende ins Lot, pflanzen Bäume und Sträucher, hegen ein umfriedetes Stück Land wie das Erbteil im gelobten Land, das Gott jedem zugesprochen hat. Der Garten ist wohl nur »Paradies auf Zeit«, hält aber dennoch dem Entfremdeten jetzt schon die Hoffnung wach auf ein unbedrohtes, bleibendes Erbteil am Leben.

*Fließendes Wasser fault nicht;*
*die Türangel rostet nicht.*
*Das kommt davon,*
*daß sie ständig in Bewegung sind.*

Lü-shih Ch'un Ch'iu

*Auf der ganzen Welt*
*gibt es nichts Weicheres und Schwächeres als das Wasser.*
*Und doch in der Art, wie es dem Harten zusetzt,*
*kommt ihm nichts gleich.*
*Es kann durch nichts verändert werden.*
*Daß Schwaches das Starke besiegt,*
*weiß jedermann auf Erden,*
*aber niemand vermag danach zu handeln.*

Laotse

## *Wasser des Lebens*

Wie viele biblische Geschichten spielen an Brunnen! In ihrer Tiefe, dort, wo frisches Wasser quillt, wo die Erde aus unsichtbaren Quellen immer neues Leben spendet, liegt nicht nur für den Menschen des Orients ein mystischer Ort. Die Lebensquelle Brunnen oder Bach oder Fluß hat ganz handfeste Ursachen. Ein Garten ohne Wasser ist wie eine Ehe ohne Liebe: Über Nacht und Tag ist verdorrt, was gut war; es siecht, was einmal Anlaß zur Hoffnung gab.

In den Schriften des Dschuang Dsi aus dem 5. Jahrhundert vor Christus wird eine nachdenkliche Geschichte erzählt:

Ein Schüler des Kungtse (Konfuzius) sah einen Gärtner, der, um das Wasser zum Begießen seiner Beete zu holen, jedesmal mit dem Gefäß in den Brunnen hinunterstieg. Er fragte ihn, ob er sich die Arbeit nicht erleichtern wolle.

»Wieso denn?« erwiderte dieser.

Kungtses Schüler sprach: »Man nimmt einen hölzernen Hebelarm, der hinten beschwert und vorne leicht ist. Auf diese Weise kann man das Wasser schöpfen, daß es nur so sprudelt. Man nennt das einen Ziehbrunnen.«

Da antwortete der Gärtner, der ein Weiser war: »Ich habe meinen Lehrer sagen hören: Wenn einer Maschinen benützt, so betreibt er alle seine Geschäfte maschinenmäßig; wer seine Geschäfte maschinenmäßig betreibt, der bekommt ein Maschinenherz; wenn aber einer ein Maschinenherz in der Brust hat, dem geht die reine Einfalt verloren.«

Den Gärtnern vor zwei oder drei Jahrtausenden waren nicht nur Kenntnisse in Aussaat, Baumschnitt oder Obstertrag abverlangt, sie waren in erster Linie eines: Bewässerungskünstler, oder – je nach sozialer Stellung – Wasserschlepper. Das Joch auf ihrer Schulter und die Schwielen an den Händen rührten vor allem vom andauernden Bewässern ihrer Gärten her. Viele Städte waren deshalb ohne Grün, weil sie zu hoch über dem Grundwasserspiegel lagen. Schattenspendendes Grün wuchs erst vor den Toren in der Nähe von Flußniederungen. Nicht erst die Römer, sondern längst vor ihnen bauten Assyrer, Babylonier, Ägypter aus diesem Grund großartige Bewässerungssysteme. Der assyrische König Sanherib (704–681 v. Chr.) ließ zur Bewässerung seiner Gärten in Ninive in 70 km Entfernung Wasser auffangen und über Kanäle und

Aquädukte bis in seine Hauptstadt führen, – das war wohl die spektakulärste Bewässerungsanlage der Antike.

Nur wer die Wassernot kennt, versteht annähernd die überschwenglichen Worte Bileams: »Wie fein sind deine Zelte, Jakob, und deine Wohnungen, Israel! Wie die Täler, die sich ausbreiten, wie die Gärten an den Wassern, wie die Aloebäume, die der Herr pflanzt, wie die Zedern an den Wassern. Sein Eimer fließt von Wasser über, und seine Saat hat Wasser die Fülle« (4. Mose 24,5–7).

Wer Wasser schöpft, schöpft Leben. Wasser trägt. Wasser nährt. Wasser stillt den Durst von Tier und Mensch, von Pflanze und Erde.

Alles Leben auf der Erde kommt aus dem Wasser. Jeder von uns wächst bis zu seiner Geburt in einer Wasserblase. Wasser ist ein gutes Element. Ohne Wasser gäbe es kein Leben.

Als Mose in der Wüste mit dem Stab an den Felsen schlägt, entspringt eine Quelle mit frischem Wasser, – und das dürstende Volk kann leben.

»...er weidet mich auf einer grünen Aue und führet mich zum frischen Wasser.« So beten mit dem Psalm 23 viele Menschen, deren Mund ausgetrocknet, deren Seele belastet und deren Körper müde ist. Führe mich zum frischen Wasser.

Wasser ist ein gutes Element. Ohne Wasser gäbe es kein Leben. Wasser zerrinnt zwischen den Fingern. Was uns geschenkt ist, ist bedroht. Unser Leben ist bedroht. Wir können nichts festhalten. Nicht auf Dauer.

Wer Wasser schöpft, schöpft Leben. Wer Wasser gibt, spendet Leben. Ohne Wasser wird der Garten zur Wüste. Mit Wasser wird er zur Oase.

---

*Tun die Himmel sich auf und regnen, so träufelt das Wasser*
*Über Felsen und Gras, Mauern und Bäume zugleich;*
*Kehret die Sonne zurück, so verdampfet vom Steine die Wohltat:*
*Nur das Lebendige hält Gabe der Göttlichen fest.*

Johann Wolfgang von Goethe

## *Der alte Brunnen*

Lösch aus dein Licht und schlaf! Das immer wache
Geplätscher nur des alten Brunnens tönt.
Wer aber Gast war unter meinem Dache,
hat sich stets bald an diesen Ton gewöhnt.

Zwar kann es einmal sein, wenn du schon mitten
im Traume bist, daß Unruh' geht ums Haus,
der Kies beim Brunnen knirscht von harten Tritten,
das helle Plätschern setzt auf einmal aus,

und du erwachst, – dann mußt du nicht erschrecken!
Die Sterne stehn vollzählig überm Land,
und nur ein Wandrer trat ans Marmorbecken,
der schöpft vom Brunnen mit der hohlen Hand.

Er geht gleich weiter. Und es rauscht wie immer.
O freue dich, du bleibst nicht einsam hier.
Viel Wandrer gehen fern im Sternenschimmer,
und mancher noch ist auf dem Weg zu dir.

*Hans Carossa*

## *Stein und Baum*

Wer in der Mitte des Gartens nicht die spielerische Quelle, den geheimnisvollen Brunnen oder den verträumten Teich sucht, sondern einen Halt, eine Orientierung, Festigkeit für sein Leben, wird dort einen Stein aufrichten oder einen Baum pflanzen.

Hart ist der Stein, mächtig und schwer.
Speichert die Sonne und speichert das Leben –
versteinertes Leben mit langer Geschichte,
Fische, Schnecken, Pflanzen, kostbare Erde.
Hier sonnt sich die Eidechse,
findet der Spatz eine kleine Kuhle mit Wasser.
Für Kinder ist er eine Herausforderung zum Klettern,
später ruhen sich hier müde Alte im Schatten aus.
Schwer ist ein Stein.
Er ist lange noch warm in der Kühle des Abends
und lange noch kühl an warmen Tagen.
Ein Stein hat Zeit, braucht Zeit, ist Zeit.
Er bleibt.

Die »Erzväter« des Alten Testamentes mit ihren Familien bauten, wann immer sie auf Zeit eine Bleibe gefunden hatten, Gott dort zuerst einen Altar aus Stein. Zeichen der Dankbarkeit, Hoffnung darauf, daß auch Gott sich dort »niederläßt«, wo Menschen bleiben möchten. Erst wenn sie den Altar errichtet hatten, widmeten sie sich dem Bau eines Zeltes oder einer Hütte.

Die Gärten der Antike waren meist Baumgärten. In der Mitte des Paradieses stehen zwei besondere Bäume. Am Ende der Zeit heißt es von der neuen Stadt Gottes: »Und er zeigte mir einen Strom lebendigen Wassers, klar wie Kristall, der ausgeht von dem Thron Gottes und des Lammes; mitten auf dem Platz, diesseits und jenseits des Stromes der Baum des Lebens, der trägt zwölfmal Früchte; jeden Monat bringt er seine Frucht« (Offenbarung 22,2).

Es gibt kaum eine Kultur, in der dem Baum nicht kosmische Bedeutung zugemessen wird. In ihm, dessen Wurzeln tief in die Erde und dessen Äste in den Himmel reichen, verbindet sich oben und unten, strömen Kräfte, an denen der Mensch gerne teilhätte. An ihm kann man sich aufrichten, in seinem Schatten findet der Mensch Erholung. Brunnen und Baum bilden eine Einheit. Beide gründen in der Tiefe, schöpfen ihre Kraft »aus der Mitte«.

Du guter Gott,
Hüter unseres Lebens,
laß uns wachsen wie Bäume an Wasserbächen,
laß uns Wurzeln entwickeln in gesunder Erde,
laß uns Früchte tragen im Sommer unseres Lebens,
laß unser Leben eine Freude sein für uns und andere,
und hilf uns,
den guten Kern in uns und in anderen
so zu pflegen,
daß wir den Herbst und den Winter
unseres Lebens
nicht fürchten müssen.

# *Vom Unkraut und einem müden Rücken*

Ein guter Gärtner wird zuschneiden und nicht verschneiden, säen und nicht ausschütten, ernten und nicht ausbeuten, hegen und nicht gängeln, Wachstum unterstützen und nicht erzwingen.

Auch im Garten gilt, was Albert Schweitzer, Theologe, Arzt und Orgelvirtuose, allgemein über das Leben sagt: »Gut ist, Leben erhalten und fördern; böse ist, Leben vernichten und Leben hemmen.« Über den der Ehrfurcht vor dem Leben verpflichteten Menschen schreibt der Friedensnobelpreisträger: »Das Leben als solches ist ihm (dem Menschen) heilig. Er reißt kein Blatt vom Baum ab, bricht keine Blume und hat acht, daß er kein Insekt zertritt. Geht er nach dem Regen auf die Straße und erblickt den Regenwurm, der sich darauf verirrt hat, so bedenkt er, daß er in der Sonne vertrocknen muß, wenn er nicht rechtzeitig auf die Erde kommt, in der er sich verkriechen kann.«

Ein guter Gärtner weiß, daß ihm dieser Lebensraum Garten auf Zeit anvertraut ist als eine Oase, in der milliardenfach Leben lebt, das leben will inmitten von Leben, das leben will.

Und doch, seit es Gärten und Gärtner gibt, kämpfen die Menschen im Garten nicht nur gegen Trockenheit und Dürre, sondern auch gegen »Unkraut« und »Schädlinge«. Hermann Hesse, der auch ein leidenschaftlicher Gärtner war, fand dafür besonders treffende Worte:

Was hat die Traumfee in der Wunderbüchse?
Vor allem ein Gebirg von bestem Mist!
Dann einen Weg, auf dem kein Unkraut wüchse,
Ein Katzenpaar, das keinen Vogel frißt.

Ein Pulver auch, mit dem bestreut alsbald
Blattläuse sich in Rosenflor verwandeln,
Robinien jedoch zum Palmenwald,
Mit dessen Ernte wir gewinnreich handeln.

O Fee, und mache, daß uns Wasser flösse
An jedem Ort, den wir bepflanzt, besät;

*Gießkanne vor der »Casa rossa« in Montagnola.*
*Aquarellierte Federzeichnung von Hermann Hesse, um 1930*

Gib uns Spinat, der nie in Blüten schösse,
Und einen Schubkarrn, der von selber geht!

Und Eines noch: ein sicheres Mäusegift,
Den Wetterzauber gegen Hageltücken,
Vom Stall zum Hause einen kleinen Lift,
Und jeden Abend einen neuen Rücken.

Wie bei Mensch und Unmensch, bei Kraut und Unkraut, so sind wir gewohnt, »Geziefer« und »Ungeziefer« zu unterscheiden. Die Bandbreite ist groß: Begonnen bei Kaninchen und Wühlmäusen, Maulwürfen und Vögeln, über Schnecken aller Art, Wespen und Hunderte von Insektenarten bis zu den gefürchteten Blatt-, Schild- und Fichtenläusen – oft herrscht Krieg im Garten. Schlechtes Wetter fördert das Wachstum der Lebewesen und Pflanzen, die eigentlich nicht wachsen sollten. Daß der Befall unserer Pflanzen mit Krankheiten und das Bangen zwischen Saat und Ernte nichts Neues ist, zeigt uns Martin Brehms Lied »Wie lieblich ist der Maien« (1604) in seiner zweiten Strophe:

Herr, dir sei Lob und Ehre
für solche Gaben dein.
Die Blüt zur Frucht vermehre,
laß sie ersprießlich sein.
Es steht in deinen Händen,
dein Macht und Güt ist groß,
drum wollst du von uns wenden,
Mehltau, Frost, Reif und Schloß.

Ähnlich dichtet Bartholomäus Ringwald schon im 16. Jahrhundert:

Umsonst ist alle unsre Müh im Pflanzen und Begießen,
wenn du nicht lässest spat und früh des Regens Ströme fließen.
Nur du regierst des Wetters Lauf,
durch dich wächst jede Pflanze auf,
durch dich nur bringt sie Früchte.
Herr, straf uns nicht in deinem Zorn, gedenk an deine Güte;
den Weinstock und das liebe Korn uns gnädiglich behüte
vor hartem Frost und Hagelschlag,
vor Dürre, und was sonst noch mag
den Früchten Schaden bringen.

## *Kinder sind die schönsten Blumen*

Veste Coburg, 19. Juni 1530

### An meinen Sohn Hänschen

Meinem herzlieben Sohn Hänschen Luther zu Wittenberg. Gnade und Friede in Christus, mein herzlieber Sohn, ich sehe gern, daß Du gut lernest und fleißig betest. Tue so, mein Sohn, und fahre darin fort. Wenn ich heimkomme, so will ich Dir ein schönes Geschenk mitbringen.

Ich weiß einen hübschen, schönen, lustigen Garten. Da gehen viele Kinder drinnen, haben goldene Röcklein an und lesen schöne Äpfel unter den Bäumen und Birnen, Kirschen, Spillinge und Pflaumen; singen, springen und sind fröhlich. Sie haben auch schöne kleine Pferdlein mit goldenen Zäumen und silbernen Sätteln. Da fragte ich den Mann, des der Garten ist, was die Kinder wären? Da sprach er: Es sind die Kinder, die gern beten, lernen und fromm sind. Da sprach ich: Lieber Mann, ich hab auch einen Sohn, der heißt Hänschen Luther; könnte er nicht auch in den Garten kommen, daß er auch solche schöne Äpfel und Birnen essen und solche feine Pferdlein reiten und mit diesen Kindern spielen könnte? Da sagte der Mann: Wenn er gern betet, lernet und fromm ist, so soll er auch in den Garten kommen, Lippus und Jost auch. Und wenn sie alle zusammen kommen, so werden sie auch Pfeifen, Pauken, Lauten und anderes Saitenspiel haben und auch tanzen und mit kleinen Armbrüsten schießen.

Und er zeigte mir dort eine feine Wiese im Garten, zum Tanzen zugerichtet, da hingen eitel goldene Pfeifen, Pauken und feine silberne Armbrüste. Aber es war noch frühe, daß die Kinder noch nicht gegessen hatten, darum konnte ich auf den Tanz nicht warten und sagte zu dem Mann: Ach lieber Herr, ich will flugs hingehen und das alles meinem Sohn Hänschen schreiben.

Hiermit sei dem lieben Gott befohlen und grüße Muhme Lene und gib ihr einen Kuß in meinem Namen.

Dein lieber Vater Martinus Luther.

Kinder gehören zum Garten wie die Bäume, der Teich, die Blumen und die Sonne. Das wissen wir auch durch Oskar Wildes Märchen vom eigensüchtigen Riesen: Er sperrt die Kinder aus seinem Garten aus. Darüber vergessen die Bäume zu blühen, die Vögel singen nicht mehr, Schnee und Hagel vertreiben den Frühling. Eines Tages dringen die Kinder doch in den Garten ein und mit ihnen die Vögel, das Grün des Grases und die Farben der Blumen. Der eigensüchtige Riese erkennt seinen Fehler. Doch als er die Kinder zum Bleiben einladen will, laufen sie vor Angst davon. Nur ein kleiner Junge bleibt, der den Riesen wegen der Tränen in seinen Augen nicht kommen sieht. Der Riese nimmt ihn liebevoll in den Arm, die anderen Kinder schöpfen Vertrauen und kommen nun täglich wieder in den Garten des Riesen. Er beseitigt die Mauer, und der Frühling hält Einzug. So vergehen Jahre voller Glück. Auch im Alter erkennt der Riese: »Ich habe viele schöne Blumen, aber die allerschönsten Blumen von allen sind die Kinder.« Eines Wintertages kommt der kleine Junge, den der Riese einst so geliebt, dem er all das Glück zu verdanken und den er seither nie mehr gesehen hatte und holt den Riesen ab: »Heute sollst du mit mir kommen in meinen Garten, in das Paradies.«

Kinder gehören zum Garten, auch wenn ihr Spiel die eine oder andere Blume abknickt, den Kirschbaum viel zu früh um einige Kirschen erleichtert oder Pfade trampelt, die der Gärtner so nicht vorgesehen hatte. Kinder aus dem Garten auszuschließen hieße, das Paradies um seine buntesten Blumen zu berauben.

Wer Kindern im Garten Raum gibt zur eigenen Entfaltung, zu eigenen Beeten und kleinen Teichen, zu Radieschensaat und Kartoffelernte, legt einen wichtigen Samen in ihre Seele, weckt die Freude an der Natur, die Ehrfurcht vor dem Leben und das Staunen über die alltäglichen Wunder.

Eine der großen Gefahren unserer Zeit ist die, daß viele Menschen das Staunen verlernt haben, und dabei sehnen sie sich doch nach Geheimnissen. Sie kommen offensichtlich nicht damit zurecht, daß die Welt durch die Wissenschaft, durch die Medien, durch die Möglichkeit, alles haben und kaufen zu können, entzaubert ist. Kinder im Garten lernen staunen, vorausgesetzt allerdings, ihre Eltern sind selbst dem Staunen noch nicht entwachsen und für Wunder offen.

## *Segen*

Abgeerntete Felder
tragen Keime neuer Hoffnung

Menschen übernehmen Verantwortung
für die Phantasien anderer
Arm in Arm

Kinderaugen
zerschneiden jedes harte Wort
im Mund der Väter
und zwingen sie
zum Spiel auf die Knie

Gott geht durchs Land

## *Über den Zaun*

Der Volksmund geht offensichtlich von einem meist gespannten Verhältnis zwischen Nachbarn aus: »Es kann der Frömmste nicht im Frieden bleiben, wenn es dem bösen Nachbarn nicht gefällt.« Oder: »Liebe deinen Nachbarn, reiße aber den Zaun nicht ein«, denn: »Der Zaun ist Friedensstifter unter den Nachbarn.«

Aber auch von guten Erfahrungen mit Nachbarn hören wir in Sprichwörtern: »Es ist keine Mauer so fest, als seine Nachbarn zu Freunden zu haben.« Und: »Wer einen guten Nachbarn hat, braucht keinen Zaun.«

Ersetze den neidischen Blick über den Zaun durch ein freundliches Wort, ersetze die Wut im Bauch durch ein offenes Gespräch, und diesseits wie jenseits des Zauns lebt es sich besser. In diesem Sinn rät uns eine letzte Spruchweisheit: »Wer Fett übrighat, schmiere des Nachbarn Wagen.«

Menschen brauchen aber Grenzen, auch wenn sie die Grenzziehungen manchmal gehörig übertreiben. Doch Leben zerfließt, wird »chaotisch« und krank, wenn es keine innere und äußere Orientierung schützt; es braucht Ruhe, wenn es sich entwickeln soll, und Freiräume, um sich zu entfalten. So ist auch die Umfriedung um den Garten nicht Ausdruck deutscher »Gartenzwergkultur«, wie überkritisch manche Zeitgenossen bemerken, sondern allen Kulturen und Zeiten eigen. Die Umfriedung ist ein Hinweis darauf, daß Leib und Seele den Lebensraum Garten als Oase, als Refugium, als »Vorgarten des Paradieses« lebensnotwendig brauchen. Und gelegentlich geht der Blick über den Zaun, werden die Tore geöffnet, Einladungen ausgesprochen, erlebt der Garten ein Fest.

Macht die Hütte zum Palast,
den Stolperstein zum Tisch
und den Lehmweg zur Allee –
feiert ein Fest!

Bringt jungen Wein
in alten Krügen,
knuspriges Brot aus dem Kasten –
feiert ein Fest!

Rückt näher zusammen,
wärmt Hände und Herzen,
singt lustige Lieder –
feiert ein Fest!

Ruft Nahe und Ferne,
schmückt Wege und Zäune,
die Arbeit kann warten –
feiert ein Fest!

## *Erntedank*

Wir pflügen, und wir streuen den Samen auf das Land;
Doch Wachstum und Gedeihen steht in des Himmels Hand:
der tut mit leisem Wehen sich mild und heimlich auf,
und träuft, wenn wir heim gehen, Wuchs und Gedeihen drauf.

Der sendet Tau und Regen und Sonn- und Mondenschein,
der wickelt Gottes Segen gar zart und künstlich ein,
und bringt ihn denn behende in unser Feld und Brot;
es geht durch seine Hände, kommt aber her von Gott.

Was nah ist und was ferne, von Gott kommt alles her,
der Strohhalm und die Sterne, der Sperling und das Meer.
Von ihm sind Büsch und Blätter, und Korn und Obst von ihm,
von ihm mild Frühlingswetter und Schnee und Ungestüm.

Er läßt die Sonn aufgehen, er stellt des Mondes Lauf,
er läßt die Winde wehen, und tut den Himmel auf.
Er schenkt uns Vieh und Freude, er macht uns frisch und rot,
er gibt den Kühen Weide und unsern Kindern Brot.

*Matthias Claudius*

## *Hinter Klostermauern verborgen*

Seine Erscheinung war beeindruckend: Der schwarze Habit des Benediktiners, offene Sandalen an zierlichen Füßen, die er beim Gehen etwas einknickte und nachzog. Die Hände auf dem Rücken gekreuzt. Weit über 80. Sein Gang war etwas gebeugt, ruhig – und: Die pure Lebensfreude blitzte aus seinen Augen.

Er führte mich durch das Kloster, sein Kloster. Über dem ruhig in vielen leichten Windungen der untergehenden Sonne entgegenfließenden Strom an einem Südhang gelegen. Wie von einem einfühlsamen Maler in diesen Hang mit seinen Wellenlinien zurückhaltend hineingemalt, liegt es seit vielen Jahrhunderten im Blick der Schiffe zu Wasser, der Wanderer oder Postkutschen in früheren Jahrhunderten, heute der erholungssuchenden Autofahrer auf der Straße unten im Tal. Abertausende werden in den Jahrhunderten an die Klosterpforte geklopft haben, werden freundlich empfangen worden sein wie ich, werden die Ruhe und Innerlichkeit dieser Oase genossen haben für Stunden oder Tage.

Er zeigte mir den Kreuzgang, die Kirche und den Garten. Auf den Garten verwandte er die meiste Zeit, er war sein Lebenswerk. Über fünfzig Jahre hegte und pflegte er ihn, säte und erntete, las Schädlinge ab und züchtete Rosen. Es war, als kenne er jeden Strauch, jeden Baum, jede Pflanze mit Namen, mit ihrer Geschichte. Er sprach mit den Bäumen, strich hier zärtlich über einen Stamm, roch dort prüfend an einer Blüte.

Zuletzt führte er mich zum Friedhof des Klosters, vor eine große Wand und darin eingelassen Nischen für die Särge. Ich stand betroffen da angesichts dieser nach der Führung durch den Klostergarten so plötzlichen Konfrontation mit der eigenen Vergänglichkeit. Mit strahlenden Augen zeigte er auf eine noch leere Nische und sagte: »Schau, und da komm' einmal ich hinein.«

Er war ruhig und gelassen, wußte genau, woher er kam und wohin er geht. Er hatte neben all den Klosterdiensten einen Garten angelegt und längst für sich in diesem Paradies seinen Platz gefunden, selbst über den Tod hinaus.

Mönche waren es, die im siebten Jahrhundert nach Christus die Gartenkultur aus Italien über die Alpen in unser Land brachten. Zuvor war es um die Gärten unserer Ahnen schlecht bestellt. Es wuchsen – so der römische Geschichtsschreiber Tacitus – dort nur Kohl, Möhren, Linsen und Sauboh-

nen. »Sie bemühen sich nicht um die Fruchtbarkeit und die Ausdehnung des Bodens, sei es, daß sie Fruchtgärten anlegen, Wiesengrundstücke abgrenzen und Gärten bewässern würden.«

Erst der heilige Benedikt (480–547) forderte die Mönche zur Gartenarbeit auf. »Bete und arbeite«, so lautete sein Motto. Das bedeutete für die vegetarisch lebenden Mönche, die ihre Klostermauern nicht verlassen sollten, daß alles zum Leben Nötige innerhalb der Klosteranlage vorhanden sein mußte: der Garten ebenso wie die Mühle, die Quelle nicht anders als die Bäckerei.

Mönche rodeten Wälder, schufen Oasen, legten innerhalb ihrer Mauern Gärten an in klaren geometrischen Formen, die sich am Kreuz orientierten. Wasserbrunnen oder (Paradies- und Kreuzes-)Baum bildeten die Mitte ihrer Achse. Sie pflanzten alle Sorten von Gemüse und Obst an. Herzstück blieb aber der Kräuter-oder Arzneigarten, denn auch die Gesundheit der Mönche sollte innerhalb der Klostermauern gefördert und bewahrt werden.

Hildegard von Bingen (1098–1179), Walahfried Strabo (von 838 bis 849 Abt des Klosters Reichenau) und der Dominikaner Albertus Magnus (1200–1280) sind die bekanntesten Vertreter mönchischer Heil-, Arznei- und Kräuterkunde. Sie haben uns geistige Schätze hinterlassen, von denen sich heute wieder viele, der Naturheilkunde gegenüber aufgeschlossene Menschen nähren. Selbst die »Schulmedizin« kann sich den jahrhundertealten Erfahrungen aus Klostergärtnereien und Apotheken nicht entziehen.

## *Aus der Regel des heiligen Benedikt*

An die Pforte des Klosters stellt man einen weisen älteren Bruder, der Bescheid zu empfangen und zu geben weiß und den die Reife seines Charakters vor dem Herumschweifen bewahrt. Der Pförtner soll seine Zelle neben der Pforte haben, damit die Besucher ihn immer dort antreffen und Auskunft erhalten. Sobald jemand klopft oder sich ein Armer meldet, antwortet er: »Gott sei Dank« oder »Segne mich«. In aller Freundlichkeit, weil sie ihm die Gottesfurcht eingibt, und beseelt vom Eifer der Liebe, gebe er sogleich Auskunft. Braucht der Pförtner einen Gehilfen, so erhält er einen jüngeren Bruder.

Das Kloster soll womöglich so angelegt sein, daß sich alles Notwendige innerhalb der Klostermauer befindet, nämlich Wasser, Mühle, Garten und die verschiedenen Werkstätten, in denen gearbeitet wird. So brauchen die Mönche nicht draußen herumlaufen, was ihren Seelen ja durchaus nicht zuträglich wäre.

Wir wollen, daß diese Regel öfters in der Klostergemeinde vorgelesen wird, damit sich kein Bruder mit Unkenntnis entschuldigen kann. (Regel 66)

# *Gegen jede Krankheit ist ein Kraut gewachsen*

In alten Klostergärten wurden Pflanzen angebaut, die wir als Unkraut aus unseren Gärten vertrieben haben. Albrecht Dürer malte einen Engel, der mit einer Brennessel in der Hand hoch zum Thron Gottes fliegt. In Kriegszeiten war man dankbar für Löwenzahnblätter. Huflattich gilt als ein hervorragender Schutz gegen Grippe. Was ist Kraut, und was ist Unkraut? Wenn der Volksmund sagt, gegen jede Krankheit sei in Gottes Garten ein Kraut gewachsen, dann lächeln wir vielleicht, auch wenn das Bewußtsein der Heilkraft unserer heimischen »Unkräuter« wieder wächst. Die Begriffe »Kraut« und »Unkraut« sind relativ.

Dem Menschen ist in der alten biblischen Schöpfungsgeschichte aufgetragen, Tiere und Pflanzen zu benennen, die Erde zu bebauen und zu bewahren als Ebenbild, als Stellvertreter Gottes. »Was unser Gott geschaffen hat, / das will er auch erhalten. / Darüber will er früh und spat / mit seiner Güte walten«, dichtet Johann Jakob Schütz. Das gilt für Kraut und Unkraut, für den Menschen und für den, den wir als Unmenschen bezeichnen. Daß wir versuchen, unsere Beete und die Pflanzen zur vollen Entfaltung zu bringen und deshalb Unkraut jäten, ist selbstverständlich. Aber uns ist aufgetragen, auch über den Teil der Schöpfung, den wir »Unkraut« nennen, mit der Güte zu walten, in der man den Schöpfer wiedererkennt.

Keine Pflanze wächst auf der Erde, die nicht – im rechten Maß genossen – Arznei werden könnte. Die Weitergabe der Kenntnisse darüber gehört seit Jahrtausenden zu den größten menschlichen Kulturleistungen. In besonders glücklichen Fällen verbindet sich mit dieser Tradition auch die Gabe der Poesie, fast unvergleichbar gelungen bei Abt Walahfrid Strabo von der Reichenau (9. Jahrhundert) in dessen bekanntestem Werk »Hortulus« (Gärtchen):

Leuchtend blühet *Salbei* ganz vorn am Eingang des Gartens,
Süss von Geruch, voll wirkender Kräfte und heilsam zu trinken.
Manche Gebresten der Menschen zu heilen, erwies sich als nützlich,
ewig in grünender Jugend zu stehn, hat sie dadurch verdienet.
Aber sie trägt verderblichen Zwist in sich selbst: denn der Blumen
Nachwuchs, hemmt man ihn nicht, vernichtet grausam den Stammtrieb,
Lässt in gierigem Neid die alten Zweige ersterben.

Zwar ist in unserem Gärtchen die *Sellerie* billig geworden,
und es meinten wohl viele, sie tauge höchstens zur Speise.
Dennoch bietet aus eigener Kraft sie zahlreiche Mittel
wirksamer Hilfe. Denn wenn ihre Samen zerrieben du einnimmst,
soll, wie man sagt, dies die quälenden Leiden der Blase beheben.
Ißt man jedoch sie selbst mit dem zarten Trieb, so verdaut sie
Reste von Speisen, die noch im Innern des Magens rumoren.
Wenn den Tyrannen des Körpers würgender Brechreiz belästigt,
trinke man Sellerie gleich mit herbem Essig und Wasser.
Dann wird, vom sicheren Mittel besiegt, die Übelkeit weichen.

Hier der *Rettich* mit mächtiger Wurzel und von seiner Blätter
breitem Dach überhöht, ist im letzten der Beete zu sehen.
Ziemlich scharf ist die Wurzel, gegessen besänftigt sie aber
Husten, der dich erschüttert, und Trank aus zerriebenen Samen
heilet gar oft das Leiden derselben verderblichen Krankheit.

Auch die Ehre des *Fenchels* sei hier nicht verschwiegen; er hebt sich
Kräftig am Spross, und er strecket zur Seite die Arme der Zweige,
Ziemlich süss von Geschmack und süssen Geruch desgleichen.
Nützen soll er den Augen, wenn die Schatten sie trübend befallen.
Und sein Same, mit Milch einer Mutterziege getrunken,
Lockre, so sagt man, die Blähung des Magens und fördere lösend
Alsbald den zaudernden Gang der lange verstopften Verdauung.
Ferner vertreibt die Wurzel des Fenchels, vermischt mit dem Weine,
Trank des Lenaeus, und so genossen, den keuchenden Husten.

Ebenso leicht ist's, den hohen Wuchs deiner Staude zu preisen,
*Eberraute,* bewundernd das Blattwerk, das reich sich entfaltet,
üppig in Zweige geteilt und feinen Haaren vergleichbar.
Dieser duftende Schopf, zugleich mit den biegsamen Zweigen
Ärztlichen Mitteln vermengt, ergibt eine nützliche Mischung.
Fieber wehret sie ab, scheucht Seitenstechen, bringt Hilfe,
Wenn die tückische Gicht uns mit plötzlichem Anfall belästigt.
Aber noch mehr: Sie hat so viel Kräfte wie haarfeine Blätter.

# *Pfarrgarten mit Lusthäuschen*

Rudolf Alexander Schröder (1878–1962), christlich und humanistisch geprägter Lyriker unseres Jahrhunderts, beschreibt den Garten eines Pfarrers aus der Zeit des Dreißigjährigen Krieges und schwelgt: »Ich möchte bezweifeln, daß es heutzutage viele Pfarrgärten gibt, in denen es an schönen Frühlingsabenden so beschaulich und heiter zugeht.«

Dieser Ausruf mag gar nicht in die dreißigjährige Zeit des Elends passen, an deren Ende in manchen Gegenden die Bevölkerung um mehr als die Hälfte reduziert war. Mitten in diesem Massenelend hegt und pflegt Johann Rist (1607–1667), gekrönter Dichter und für 32 Jahre Pfarrer in Wedel, einen Pfarrgarten, wie er seinesgleichen wohl heute noch sucht. Er hat später im Garten seines Pfarrhauses ein »Lusthäuschen« stehen, wo über Literatur und Politik diskutiert, aber auch hervorragend musiziert wird. Man findet ihn schon morgens um vier Uhr bei Kräutern und Blumen, manchmal mit Gartenfreunden, mit denen er Samen tauscht, Erfahrungen mit dem Überwintern seltener Pflanzen sammelt, die besten Anbaumethoden und Erntezeiten bespricht:

Auf, ihr Gärtner, pflanzet Reben,
Impfet Bäume mancher Art,
Pflanzet Kraut und Obst daneben,
Das sich fein zusammenpaart,
Lasset aneinander wohnen
Rosen, Lilien, Nägelein,
Hyazinthen groß und klein,
Tulipan und Anemonen,
Daß ihr ja den Friedensschatz
Schön bekränzet auf dem Platz!

Zur Veranschaulichung seiner Predigt nimmt er Blumen mit auf die Kanzel, bricht eine trotz des Winters schön blühende »holländische oder Provinzrose« für die Weihnachtspredigt, verteilt am Neujahrstag »einem jeglichen nach seinem Stande ein besonders schönes Blümelein«, schmückt an jedem Weihnachtsfest selbst den Altar seiner Kirche mangels Blumen mit Myrten, Lorbeer, Zypressenzweigen aus seinem Garten, läßt sich mitten im Dreißigjährigen Krieg von einem befreundeten Gärtner aus Hamburg Orangenzweige mit Früchten in einer Kiste schicken, um seine Gemeinde mitten im Elend »sehen und schmecken zu lassen, wie freundlich der Herr ist«.

Die Erwartung des Frühlings wird so zur Erwartung des Friedens, und den Hörern seiner Predigten, den Lesern seiner Gedichte mag sich wider allen Augenschein die Hoffnung erhalten haben, daß der große Krieg doch bald ein Ende nehmen würde.

Der Winter schleicht davon,
Der Frühling, unsre Wonn,
Ist für der Tür und läßt sich merken,
Bald ändert sich die Welt,
Drauf springen wir ins Feld
Und eilen zu den Gartenwerken.
O komm heran, du schönste Zeit,
Und zeig uns deine Lieblichkeit.

Zum Garten muß ich gehn,
Die Kräuter zu besehn,
Welch uns der rauhe Hornung zeiget,
Seht, wie die Christwurz lacht,
Wie dieses Kräutleins Pracht
Die grün und weiße Glocken neiget.

Der Hyazinth ist ausgekrochen,
Die Tulipan sind schon
Als auch die Kaiserkron
In unserm Feld herfürgebrochen.
Ja, Frühling, deine Schönheit macht,
Daß uns das Herz im Leibe lacht.

Wie könnte deutlicher als mit diesen Worten aus der Zeit einer der schrecklichsten Kriege in der Menschheitsgeschichte der »Traum vom Paradies« beschrieben werden, den dieser Pfarrgärtner mit seinen Freunden träumte. Gartenfreunde werden staunen über die Vielfalt der Rosen- oder Irissorten, die er schon kannte, andere werden aus seinem Paradiesgarten die Hoffnung gewinnen, daß das Bild vom Garten des Friedens eines Tages doch Wirklichkeit wird für alle geschundenen Menschen.

Johann Rist aber beließ es nicht bei persönlicher Gartenkunst, beschaulichen Gesprächen und wohlklingenden Versen. Im Pfarrhaus besaß er eine reichhaltige Apotheke, dazu einen Raum mit Destillieröfen, Retorten und Reagenzgläsern zur Herstellung von Medikamenten. Die heilenden Pflanzen

säte, pflanzte, bewässerte und erntete er selbst. Er erfand Tinkturen und Heilmittel, war Arzt für Leib und Seele, eine faszinierende Verwirklichung des Hirtenberufs, des Pastors. Er heilte Wunden, scheute die Nähe zu Menschen, den körperlichen Kontakt mit ihrer Krankheit nicht und war deshalb über seine Gemeinde hinaus nicht nur als Liederdichter, sondern auch als Pastor für Seele und Leib bekannt.

1643 wurde alles zerstört, zerstampft, geraubt oder zerschlagen: Apotheke, Garten, Gläser, Instrumente, kostbare Sammlungen von Uhren und Münzen. Am Ende soll er sehr allein gewesen sein. Mit 60 ist er in seiner Gemeinde gestorben. Er hat die Pfarrstelle nie gewechselt. Kein Wunder, hätte er doch ein Jahrzehnt gebraucht, um einen neuen Garten anzulegen!

Auch die Vergänglichkeit des Lebens hat er längst mit Betrachtungen aus seinem Garten in Versen festgehalten:

Wie zartes Gras sind auch des Menschen Zeiten.
Er blühet schön und pflegt sich auszubreiten
Wie eine Ros in grüner Wüstenei.
Sobald sie nur vom Winde wird bestrichen,
So geht sie fort. Ihr Glanz ist stracks verblichen,
Man weiß auch nicht, wo sie gestanden hat.

Doch dabei bleibt es nicht. Er, der Dichter und Arzt, Apotheker und Pfarrer, Mathematiker und Chemiker, Hellseher und nicht zuletzt Gärtner, der Leib und Seele, Mensch und Natur, Gott und die Welt so sehr in einem sah, daß er mit seinem Pfarrgarten auch allem Geschaffenen und seinem Schöpfer ein ganz persönliches Denkmal setzte, er tröstet sich und seine Leser:

O Freud', ein neuer Himmel!
O Freud', ein neuer Erdenkreis!
Davon der Welt Gewimmel
Das wenigste zu sagen weiß,
Da man in steten Lenzen
Uneingeschlossen lebt,
Nicht in gewissen Grenzen
Als auf der Erde schwebt.
Nein, da man nach Gefallen
In Gott erfreuet sich,
Der Alles ist in Allen
Und herrscht ewiglich!

Der Garten, in dem man »in steten Lenzen uneingeschlossen lebt, nicht in gewissen Grenzen« – ist der Garten, von dem die Bibel in der Offenbarung spricht. Himmel und Erde zeigen sich neu, nachdem das Erste vergangen ist. So schließt sich in diesem tröstlichen Bild nicht nur der Kreis, den das Bild vom Garten in der Bibel schlägt, sondern es wird auch deutlich, was der Ausgangspunkt der Gedanken dieses Buches war: Der Lebensraum Garten – wie groß oder klein er in Wirklichkeit auch sei – hält die Hoffnung in allen Menschen wach auf einen umfriedeten Bereich, in dem unbedroht Leben wächst und gedeiht. Jeder, der umgräbt und sät, hegt und pflegt, sorgt und bangt, erntet und staunt, hilft mit, diesen Traum vom Paradies nicht zu verschütten.

## *Text- und Bildnachweis*

Texte

| | |
|---|---|
| Seite 18: | Marie Luise Kaschnitz, © Scherpe Verlag, Krefeld. |
| Seite 24: | Ägyptische Inschrift, zitiert nach: M. Caroll-Spillecke. Der Garten von der Antike bis zum Mittelalter, Mainz 1992. |
| Seite 25: | Grabinschrift, zitiert nach: Peter Brown, Augustinus von Hippo, Frankfurt 1982, S. 16. |
| Seite 26: | Lü-shih Ch'un Ch'iu, aus: Die großen Weisheiten der Chinesen, Bern/München/Wien o. J., S. 62. |
| Seite 26: | Laotse, Tao te king, München 1993, S. 121. |
| Seite 27: | Dschuang Dsi, zitiert nach: Albert Schweitzer, Die Ehrfurcht vor dem Leben, München 1982, S. 49f. |
| Seite 30: | Hans Carossa, © Suhrkamp Verlag, Frankfurt. |
| Seite 34: | Albert Schweitzer, Kultur und Ethik, München 1981, S. 330f. |
| Seite 34: | Hermann Hesse, Die Gedichte, Frankfurt. |
| Seite 36: | Bartholomäus Ringwald, Aus einem alten Gesangbuch, Speyer 1823, Nr. 548,3.4. |
| Seite 37: | Martin Luther, aus: Luther Deutsch, Bd. 10, Die Briefe, Göttingen 1983, S. 205f. |
| Seite 40: | Segen, aus: Gerhard Engelsberger, Wir kommen auf Umwegen, Karlsruhe 1991. |
| Seite 45: | Tacitus, zitiert nach: Claudia und Reinhold Fischer, Geheimnisse der Klostergärten, München 1991, S. 12. |
| Seite 46: | Benediktinerregel, aus: Erzabtei Beuron (Hg.), Die Regel des Heiligen Benedikt, Beuron 1977, S. 111f. |
| Seite 48: | Walahfrid Strabo von der Reichenau, Gedichte über die Kräuter seines Klostergartens vom Jahre 827, neu aufgelegt bei Th. Keller, Insel Reichenau, Bodensee im Jahre 1974. |
| Seite 51: | Johann Rist, zitiert nach: Rudolf Alexander Schröder, Dichtung und Dichter der Kirche, Berlin 1936, S. 180. |

Bilder

Archiv für Kunst und Geschichte, Berlin: Seite 9 (Foto: Erich Lessing), 13, 14
Gerhard Engelsberger: Seite 25, 42
Christa Palma: Seite 19, 45, 55
Klaus Richter: Seite 10, 29
Ewald Stark: Seite 7, 31, 47, 50, 53
Suhrkamp Verlag: Seite 35